산책시편

산책시편

이문재 시집

민음의 시 52

민음사

自序

부사(副詞)나 산책에 기대려는 자의 내면은 적막하고 쓸쓸하다. 그것은 희망과는 무관한 자멸을 닮아 있다. 저 무력하기만 한 부사성(副詞性)으로부터 기어이 어떤 에너지를 추출하고자 하는 바람은 절망 이후의 더 큰 절망일 것이지만, 그럼에도 불구하고 나는 신앙하려고 한다. 그 믿음은 이 세계와 삶, 나와 또 다른 나와의 배면, 그 은밀한 작용들을 관찰해야만 한다는 '자구책'에서 비롯한다. 현실적으로는 부도덕으로 단죄되는 게으름과 어슬렁거림, 해찰을 통해 이 추악한 세기말, 혹은 세기초의 '급소'를 발견하고 싶은 것이다.

감히 말하거니와 인간은 진화하지 않는다. 인류가 다만, 끊임없이 헛것을 좇아 휩쓸려 다닐 뿐이다. 비탈에 선 나무들은 급경사를 무시한다. 급경사를 버리고, 지평선에서처럼 수직한다. 인간이 인류와 구별되듯이, 비탈에 선 나무들이 비탈을 거부하듯이, 부사와 산책으로, 나는 나와 이 세계를 견뎌 내려 한다. 우선 도처에서 펄럭이고 있는 저, 이 헛것들과 친밀해지자.

6년 만에 묶는, 두 번째 시집이다. 산책시와 부사성 연작, 그리고 환경에 관한 세 범주로 크게 나누었다. 맨 뒤로 미룬 시들, 그러니까 「형부는 수력발전소처럼 건강하다」 이후의 시들은 1982년부터 1988년 사이에 씌어진 것들이다.

부끄러움이나 그리움을 힘으로 치환하지 못할 때, 가능성만을 잔뜩 껴안고 있을 때처럼 가난한 시절은 없다. 기억에 덕지덕지한 회한과 언제나 그 앞에서 속수무책이기만 한 그리움, 그리고 또 늘 보류되는 이 가능성들을 어찌할 것인가. 이 궁핍, 크고, 어지럽다.

이문재

차례

自序

거미줄   11
가는 길   12
지문   13
한숨   14
칸나   15
동백   16
길   17
푸른 곰팡이   18
저녁의 뒷짐   19
마지막 느림보   20
날씨가 사라지다   21
저 깜빡이는 것들   22
진달래 능선에서 쉬다   24
덕수궁에서 고개를 드니   26
산책로 밖의 산책   27
저녁 산책   29
저물 녘에 중얼거리다   30
세설천   31
길 밖에서   32
모슬포 생각   34
실상사 가는 길 1   36

어처구니   38

누전   39

땅끝, 땅 끝   40

봄, 몸   41

타클라마칸   42

지하철 정거장에서   44

또 지하철 정거장에서   46

유월   47

화전에서의 며칠간   48

돌아보지 말거라, 네가 돌아보지 않아도 이미 소금 기둥 되어 있으니   50

순장   52

FM 고통방송   53

공중 도시   54

타클라마칸   55

잘 썩은 풀은 깨끗하다   56

길섶   58

염전중학교   60

개똥벌레   62

이명   63

펌프   64

감기   65

책마을 책방   67

변산 숙모의 소리   68

현기증   69

천일야화   70

산성 눈 내리네   71

비닐우산   73

오존 묵시록   75

고비사막   77

산길이 말하다   79

사방이 자욱해지면   81

눈과 귀 틀어막다   82

게으른 사람은 아름답다   83

버섯, 버섯   85

대관식   87

거미 여인의 춤   88

넓은 강   89

검은 트럼펫   91

황혼병 4   93

아침   94

길   95

합창   96

몽촌토성   97

서릿발   98

분꽃   99

형부는 수력발전소처럼 건강하다   100

실수   102

에덴의 서편   103

지구에서 지구로 걸어가는 동안   106
집 안팎 식구들 다 잠들고   109
종(種)   112
아몬드 나무 아래   114
제비   116
나의 오전의 채소   118
가을 학교   119

발문/ 장정일
추억의 집, 현실의 길   121

거미줄

거미로 하여금
저 거미줄을 만들게 하는
힘은 그리움이다

거미로 하여금 거미줄을 몸 밖
바람의 갈피 속으로 내밀게 하는 힘은 이미
기다림을 넘어선 미움이다 하지만
그 증오는 잘 정리되어 있는 것이어서
고요하고 아름답기까지 하다

팽팽하지 않은 기다림은 벌써
기다림에 진 것, 져 버리고 만 것

터질 듯한 적막이다
나는 너를 잘 알고 있다

가는 길

가는 길에 은행 잎 구른다
저무는 시월 소리 내면 읽히지 않고
저녁에도 부는 바람 가끔씩 있어
긴 그림자 버짐 같은 먼지 일으킨다
한입 시린 무거나 배춧속 같은
그날들도 큰 소리로 읽기엔 부끄럽다
가는 길 갈수록
가슴 설렐 일 드물 것인데
가는 길 어느새 가파르다
지는 노을 산 그림자
한 짐씩 어둠의 푸른 데로 옮겨 앉는다

이 밤 한 번 그리움에 져 주자
나 아직도 나에게 들킬 일 남아 있는가

지문

봄 풀 꽃, 저 햇빛의 작은 지문들
5월 늦은 오후, 깨끗하게 늙어 가는 선생님을
만나고 돌아오는데, 민들레들 길섶에서
달구어져 있다, 햇살이 지그시
민들레 꽃을 누르고 있는 것이다
노오란 이 빛의 방울들
작은 소리를 터뜨리며 번져 나간다
세상에 같은 지문은 없는 것이다
선생님은 아직도 문밖에 계시다
언덕길 오르다 돌아다보니
선생님은 보이지 않는 눈길로 나를
떠밀고 계셨다

내 몸에 몇 개의 지문이 찍힌다

한숨

한 짐씩 들판 등에 지고 다녔어라
웅덩이 몇 개쯤이야 가슴팍에 넣고
출렁댔거늘 그때 너의 몸 어딜 막으면
너는 세피리로도 울어 댔거니와

이 바람 여기서 더 가늘어지면
까치밥도 말라 비틀어질 터
무릎 꺾어 이 한 길 여기서
잠시 접을 일이다

하구에 이르러 몸 풀며 저기 수평선을
흘끗 훔쳐보는 강물 품이 덥고
저녁놀까지 한층 흥건하구나 이 밤
너의 준평원에서 묵자, 여기서
힘차게 묶어 버리자

칸나

따뜻하게 헤어지는 일이 큰일이다
그리움이 적막함으로 옮겨 간다
여름은 숨 가쁜데, 그래
그리워하지 말기로 하자, 다만 한두 번쯤
미워할 힘만 남겨 두기로 하자

저 고요하지만 강렬한 반란
덥지만 검은 땅속 뿌리에 대한
가장 붉은 배반, 칸나

가볍게 헤어지는 일이 큰일이다
미워할 힘으로 남겨 둔
그날 너의 얼굴빛이 심상치 않다
내 혀, 나의 손가락들 언제
나를 거역할 것인지

내 이 몸 구석구석 붉어 간다

동백

동백의 꽃말은 투신
죽을 날을 알아 버린 이모처럼
눈 소복하게 내린 날을 골라
떨어진다 멀리로도 아니고
바람 없는 날, 툭
뿌리께로 곤두박질한다
이모부 발치에 쓰러지신
이모 때문에 당신은 발등이
아프셨고 동백꽃 철마다 밟혀서
그 집에서 오래
홀로 늙으셨다

길

빼앗긴 것들 찾을 수
있을까 도시에서 밀려 나오는 길
길어질수록 치욕만 는다
눈 감으면 더욱 새파랗게 빛나는 길
무르팍 후들거리는데
시내버스 장의차처럼
이 길 지나갔을까 혁명처럼
도시의 불빛 공중에 부옇다
이 밤 지나면
이 길 돌아오는 길이면
다시 찾는 일은
다시 빼앗는 싸움일텐데
무혈혁명도 도화선처럼 푸르르
이 길로 달려갔을까
치욕에서 화약 냄새가 난다

푸른 곰팡이
—산책시 1

아름다운 산책은 우체국에 있었습니다
나에게서 그대에게로 가는 편지는
사나흘을 혼자서 걸어가곤 했지요
그건 발효의 시간이었댔습니다
가는 편지와 받아 볼 편지는
우리들 사이에 푸른 강을 흐르게 했고요

그대가 가고 난 뒤
나는, 우리가 잃어버린 소중한 것 가운데
하나가 우체국이었음을 알았습니다
우체통을 굳이 빨간색으로 칠한 까닭도
그때 알았습니다 사람들에게
경고를 하기 위한 것이겠지요

저녁의 뒷짐
── 산책시 2

저녁이 뒷짐을 진다
지포 라이터 내음도 얼핏 스치는가 싶다
나는 어슬렁 저녁을 따라가려다가
몸에 배질 않아 기우뚱거린다
그때로부터 너무 멀어져 있는 것이다
건듯, 바람 한 자락이
망아지처럼 달려 나간다

어슬렁 저녁을 따라가려다가
빌딩 사이에서 튀어나오는 바람에
한 대 따귀를 맞는다

마지막 느림보
—산책시 3

이곳에선 아무도 걷지를 않습니다
내쳐 달리거나 길바닥 위에서
쓰러질 뿐입니다

이 도시는 느슨한 산책을 아주
싫어하는 모양입니다 산책은 아니
산책만이 두 눈과 귀를 열어 준다는 비밀을
이 도시는 알고 있는 것이겠지요
도시는 사람들에게 들키고 싶어 하지
않는다고 하더군요 저 반짝이는
유토피아의 초대장들로 길 안팎에서
산책을 훼방하는 것이지요

도시는 단 한 사람의 산책자도
인정하지 않으려 합니다 느림보는
가장 큰 죄인으로 몰립니다
게으름을 피우거나 혼자 있으려 하다간
도시에게 당하고 말지요
이 도시는 산책의 거대한 묘지입니다

날씨가 사라지다
── 산책시 4

날씨가 사라졌어요
날씨는 이제 없습니다

날씨는 기상청 예보에만 있지요
전날 밤 텔레비전과 신문에서
날씨는 잠깐 보였다가 지나갑니다
방송이 체감온도 영하 15도라고 일러 주면
사람들은 그 순간에 추위를
다 겪어 버리는 것이지요
이튿날 아침에는 그 다음 날의
날씨를, 아니 예보를 기다리게 됩니다
날씨는 언제나 당일과는 무관합니다

제가 조만간 편지 띄우겠습니다
날씨와 만나러 한번 나갑시다

저 깜빡이는 것들
—산책시 5

깜빡이는 것들은, 위험하다
엘리베이터 표시등, 은행의 번호판
횡단보도 신호등, 카드 공중전화의
액정 화면, 컴퓨터의 커서……
이것들은 무시로 깜빡거리며
기다림, 기다림인 것을 변질시켜 버린다
그 짧은 순간들을 참을 수 없는
무거움, 강박으로 바꾸어 버린다
(저, 등 뒤에서, 푸욱, 찔려지는 칼날)
깜빡거리는 표지들은 위험해 보이지
않아서 위험하다, 깜빡거리며
저것들은 도시인 것을 조종한다, 저것은
아니, 저것이 보이지 않는
손의 잠자리 눈이다, 이
거대도시의 외인부대 용병들이다
깜빡거리는 저것들과 눈을
마주치지 말라, 반드시
보복당한다(터미네이터의 욕망,
욕망의 터미네이터들)
깜빡거리는 저것들을 응시하라

그러면, 깜빡, 거리며
서서히 죽어져 갈 것이다

진달래 능선에서 쉬다
—산책시 6

잔설은 그늘이다
희미해지는 흰 빛깔로 웅크려 있다
양지 녘보다 듬성듬성한 음지에
눈길이 더 가는 늦겨울 산행
잔설은 오직 추위로서 남아
한 줌 햇빛도 받지 않고 바랜다

진달래 능선에서 사람들은
겨울 대신 진달래를 말한다 멀리
상계동 중계동 하계동 아파트 단지가
웨하스처럼 아니 컴퓨터 칩처럼
촘촘하게 박혀들 있다
누군가 망원경을 들이댄다
겨울에 겨울이지 않고
다가올 봄을 살고 있는
한눈 팔지 않는 사람들

한 낙선자가 애서가 상을
받고 소풍 가듯이 이 땅을
떠나던 그해 겨울 진달래 능선에서

나는 진달래꽃을 기다리지 않았다
저 잔설들 흐드러지는 여름에도
독버섯 몇 무더기 피워 올리는
깊은 음지일 것이기 때문이었다

덕수궁에서 고개를 드니
— 산책시 7

덕수궁에 입장해서 보았다
대궐의 지붕과 저 처마는 얼마나 이중적인가
하늘에서 내려다보기에 그 지붕은 매우 다소곳하게 흘러내리는 선이지만
땅에서 한번 올려다보라 이 거대한 처마는 하늘을 향해 바싹 고개를 쳐들고 있다
하늘에선 보이지 않는다

왕들은 저러한 구조에서 평안했다

산책로 밖의 산책
—산책시 8

나의 꿈은 산책로 하나
갖는 것이었다 혼자이거나
둘만의 아침일 때에도
언제나 맨 처음의 문으로 열리는
그 숲에선 혼자가 나를
둘이 서로를
간섭하지 않을 것이었다

매일 그 시간을 나는 그 길
위에 있을 테고 숲길 저마다의
굽이들이 나를 기다릴 것이었다
저녁의 섬세한 무렵들이 음악과 같이
나의 산책 안에서 한 칸씩 달라질 터
그때 나는 풍경을 그대의
온전함이라고 노래했으나

홀로이거나 둘만의 저녁이라고
믿었던 그 숨가쁘던 날들은
휘발되어 버리고 돌아보면
은자(隱者)의 꿈 일찍이

부숴지고 말았으니 산책은
산책로 밖으로 나아가려는
불가능인 것 기어이 산책로의
바깥에서 주저앉는 무모인 것을

산책은 산책로 밖에 있어야 했다

저녁 산책

마음은 저만치 흘러 나가 돌아다닌다
또 저녁을 놓치고 멍하니 앉아 있다
텅 빈 몸속으로 밤이 들어찬다
이 항아리 안은 춥다
결국 내가 견뎌 내질 못하는 것이다

신발 끈 느슨하게 풀고
저녁 어귀를 푸르게 돌아오던 그날들
노을빛으로 흘러내리던 기쁜 눈물들
그리움으로 힘차하던 그 여름 들길들
그때 나에게는 천천히 걸어가 녹아들
저녁의 풍경이 몇 장씩 있었으나

산책을 잃으면 마음을 잃은 것
저녁을 빼앗기면 몸까지 빼앗긴 것
몸 바깥 창궐하는 도시 밖으로 나간
마음은 돌아오지 않는다
텅 빈 항아리에 금이 간다

어둠이 더 큰 어둠 속으로 터져 나간다

저물 녘에 중얼거리다

우체국이 사라지면 사랑은
없어질 거야, 아마 이런 저물 녘에
무관심해지다 보면, 눈물의 그 집도
무너져 버릴 거야, 사람들이
그리움이라고, 저마다, 무시로
숨어드는, 텅 빈 저 푸르름의 시간
봄날, 오랫동안 잊고 있던 주소가
갑자기 떠오를 때처럼, 뻐꾸기 울음에
새파랗게 뜯기곤 하던 산들이
불켜지는 집들을 사타구니에 안는다고
중얼거린다, 봄밤
쓸쓸함도 이렇게 더워지는데
편지로, 그 주소로 내야 할 길
드물다, 아니 사라진다
노을빛이 우체통을 오래 문지른다
그 안의 소식들 따뜻할 것이었다

세설천

귀보다 먼저 내 세 치 혀가
더러워지는구나 어디
세설천(洗舌川)이 있는가
송사리도 역겨워 결코 얼씬대지
않는다는 커다란 개울
그 물에는 새빨간 혀가 제 몸보다
수천 배나 기다란 뱀장어들이
수만 년 동안 우글댄다 한다
귀보다 먼저 지저분해지는
내 혀를 참을 수 없는 날
세설천에 모가지까지 처박고
으아아아아아아아 소리치다가
그 시커먼 구정물로
오장과 육부를 씻어야 하리
그런데 그럴 날은
얼마나 지천일 것인가라고
또 이 내 세 치 혀가
입 밖으로 나대는구나
오장육부에 뱀장어들
들어와 득시글거리는구나

길 밖에서

네가 길이라면 나는 길
밖이다 헝겊 같은 바람 치렁거리고
마음은 한켠으로 불려 다닌다
부드럽다고 중얼대며
길 밖으로 떨어져 나가는
푸른 잎새들이 있다 햇살이
비치는 헝겊에 붙어 말라 가는
기억들 가벼워라

너는 한때 날 가로수라고
말했었다 길가 가로수
그래 그리하여 전군가도의 벚꽃쯤은
됐던 것이었을까 그래서 봄날의
한나절 꽃들의 투신 앞에서
소스라치는 절망과 절망의 그 다음만 같은
화사함을 어쩌지 못했던 것일까

내가 길의 밖일 때
너는 길이었다
내가 꽃을 퍼부어 대는 가로수일 때

너는 내달려 가는 길 아니
그 위의 바퀴 같은 것이었으니

오히려 길 밖이 넓다
길 아닌 것이
오히려 더 깊고 넓다

모슬포 생각

 모슬포 바다를 보려다가, 누가, 저 서편 바다를 수은으로 가득 채워 눈 못 뜨게 하나, 하다가, 훅, 허리가 꺾여진 적이 있다
 수평선이 째앵하고 그어지고 있다고 느끼는 순간, 비늘처럼 미끈거리던 바람이 위이이이잉 몸을 바꾸는 것이었다. 바람은 성큼 몸을 세우더니, 그 무수한 손을 뒤로 제끼며 생철 쪼가리들을 날려 대는 것이었다. 은박의 바람이 바다 위에서 거대한 먼지를 일으키는 거였다
 황홀하고 또 무서워. 머리를 가랑이에 박았다가 눈을 떴는데, 아 섬은 거꾸로 서 있었다. 그때, 그 옛일들이 생철 쪼가리에 범벅이 된 채 나뒹굴고 있었다. 살점과 핏방울들이 순식간에 바람의 속도로 올라앉는 것이 보였다. 삭막이 거대했다. 아 퍽퍽 쓰러진 것들의 바람에 풀썩거리는 모양이 황막하고 광막했다. 나는 가자미처럼 납작하게 땅에 엎드려 두 눈을 감았다. 눈물이 피융피융 튀어 나가고 있었다

 다시는 그리움이 내일이나 어제 쪽으로도 옮겨 가지 않으리라. 그래, 그리움의 더께가 녹슬어 을씨년으로 변하겠구나. 생각의 서까래도 남아나지 않았겠구나. 그래, 이

폐가의 흔적이나 한 채 껴안고 살면 되는 거지, 생철, 아
니 날치의 바람아, 이제 그만 후두둑 멈추어라, 하고, 고
개를 한 뼘 드는데, 저 납의 바다가 느물, 아니 기우뚱거
리는구나, 하는데, 쌔애애애앵, 퍽, 오른쪽 눈에 생철 조
각 하나가 박혔다

   누군가 떠나면, 또 다른 누군가는 이렇게 남는다
   그해 삼월 모슬포 바다에 나는 있었다

실상사 가는 길 1

저렇게 산이 가파르다간 하는데
상쾌한 물소리 들린다 도계가
가까운 마을들 근신하듯이
밤길 홀로 걸어, 실상사(實相寺) 다리를
건넌다 예부터 실상인가 별들은
지독한 피부병처럼 잔뜩 성나 있고
천왕봉 날망은 잘 벼려져 있다
지리산은 지금 지이산(智異山)
밤에 우는 새소리는 띄엄띄엄
뼛속으로 깃들어 참회가
모자라는 한 생애를
잠 못 들게 한다 근신하라
근신하라고 한다 돌아온 길이며 건너온
물길들며 또, 한 방울 눈물에도
젖어 드는 허물들하고,
그 순간 한 발짝을 못 내밀게 하던
미안함들이 여기까지 따라와 있다
지이산 한 자락, 생애의 지리에
너무 어두워, 실상을 찾지 못해
하룻밤 눕는데, 문밖에서

누가 오늘 앞산은 허, 지이산이구나
하고 간다 이 근신은 언제 해맑아져
그대 앞에서 떳떳해질 것인가
지리(地理)여, 지이(地異)여, 지이(智異)인 것이여
그 사이사이에 실상은 있는가

어처구니
—부사성 1

전광판 뉴스를 읽다가 지하도 계단에서 넘어진다
기쁜 날에는 자기소개서를 쓰리라 했었다
일회용 반창고로 그 하루의 해진 데를 감추며

참담한 날에도 자기소개서를 써야 할 때 있었고
빌딩빌딩 현기증에 휘청거린다 어쩌다 보니
나를 나라고 부를 사람이 나밖에
없어졌다 전광판에 내일의 날씨가 반짝인다
지하도에서 풀려나지 못한다

앞서 간 즐비한 빛들이 빛난다 번쩍인다
나는 까맣게 타들어 간다 집과 나
그리고 빌딩들. 왜 추락에만 가속도가 붙느냐
길들은 움직이려 하지 않는다 길에서
벗어나지 못한 채
어처구니없다 어쩌다 내가 이곳까지
끌려왔는지 어이가 없어졌다

전광판이 휘황하다 저기에서
매일 매일 새로운 말을 배워야 하다니

누전
——부사성 2

이끼 낀 혀 날름거리지 않고 멀리서
우리 한 시절 그렇게 건너왔거니 멀리
죽어간 이들 쿵쿵 기둥으로 박혀 있고
보면 다 쓴 건전지처럼 우리들 쓰레기 더미
속에서 굴러다니다 뒤척거리기도 했으니
흑연 심처럼 간뎅이 딱딱해지고
또 보면 아 밤에도 자궁에서도 그 한 시절
푸르르게 충전되지 않았다 부윰하게
목소리들 어둠 뒤켠에서 들려온다
우리들 몸속의 전기 무엇이 꺼내 갔는가
빼내 가는가

죽지 않는 죽음들아, 캄캄한
아침들아, 깃발도 품지 않는
오전의 바람들아

그 한 시절을 우리, 전력(電力) 없이
무참히, 감춰 둔 전력(戰力)도 없이
속수무책으로 누전만

땅끝, 땅 끝
──부사성 3

무섭다
땅끝으로 가는 길
먼지도 나지 않는다
보리밭 붉은 흙
아지랑이 햇빛의 맨 아래서
더워지지만
땅끝에서 나 추워져
부를 노래 없다
땅끝이 무작정
바다의 시작이려니
했는데 내 안에 벌써
땅끝 땅의 끝이 있었다

바다의 시작 아니
바다의 맨 끝에서
뒤돌아다 본다
무섭다
이 끝의 질김
끄트머리의 아슬아슬함이여
온 길이 우지끈 갈라진다

봄, 몸
―― 부사성 4

거기에도 햇빛의 힘 가 닿는구나
어지럼증 한 바퀴 내 몸을 돌아 나간다
기억이 맑은 에너지일 수 있을까
식은 숭늉 같은 봄날이 간다

이 질병의 언저리에 궁핍한
한세월 봄빛의 맨 아래에 깔린다
죽음이 이렇게 부드러워지다니
이 기억도 곧 벅차질 터인데

햇빛은 지금 어느 무덤에 숨을
불어넣으며 할미꽃 대궁 밀어 올리는가
그 무덤들 문밖까지 굴러 와 있는 것 같아서
살아 있음은 이렇게 죽음에게
허약하구나

아픔으로 둥글어지는
젖은 몸 그리고
조금씩 남는 봄 자글자글
햇빛이 탄다

타클라마칸
―부사성 5

지하철 공중변소에서 오줌을 누는데 술 냄새가 확 올라와
밤새 마신 술이 그대로 빠져나오는 거야

몸 밖으로 빠져나오는 술?

타클라마칸으로 가서 죽는 새는 없다지?
또 어김없이 황사가 드는데
저 낙타들
저 늘 젖어 죽음 저편을 향해 있는 시력 좀 봐

빠른 것은 부도덕해

중앙아시아라고 발음할 때마다
조금 살맛이 나는 것 같아

아, 이 미지근한 피 속으로 황사가 스며들어

그렇지, 내가 탈 지하철은 순환선이었지?

그럼 내일 또 봐
참, 이 신문 가져 가

지하철 정거장에서
—부사성 6

기관지 속으로 미국제 농약이 스민다고 한다
울퉁불퉁한 망막 속으로 전광판
뉴스와 광고들이 들어와 무수한 알을 깐다
남한 사람이 북한에 다녀왔다고 한다
아들 하나가 어머니 한 사람을 죽이기도 했다고 한다
소련이 없어졌다고 한다
포스트모더니즘이 포스트모더니즘을 가린다고 한다
개천절과 한글날은 양력이라고 한다
총체적 위기라고들 한다
반딧불이 천연기념물이라고 한다

저녁나절까지 말을 걸어온 사람이 없었다
지하도 입구에서 신용카드로 돈을 빌리라는
판촉물을 몇 장 받았을 뿐이다
위장에 작은 구멍들이 난다
현무암처럼 가벼워진다

나이 서른 살에 죽어 버린 친구들이
울고 있다 웃고 있다
유리창에 비친 내 얼굴이

번질거린다 서른 살하고 또 몇 년

내 이름이 떠오르지 않는다

또 지하철 정거장에서
——부사성 7

지옥철 안에서 가장 슬픈 일은
그해 6월을 그리워하며
혁명론을 궁리하거나, 신경질적으로
엉덩이를 빼며 뒤돌아보는 여자가, 아
옛날 애인일 때이다

유월
── 부사성 8

개구리 소리 자욱해지고 얕은 논물
기분 좋게 떨린다 저녁은 모낸 논 위로
교회당 종소리들 띄엄 던지게 한다
굴렁쇠 굴리며 달려 나간 아이는
언덕길 위로 떠오르지 않고
아직 느슨한 어둠이 굴뚝으로
밥 짓는 연기를 빨아 마신다

귀에 들어간 물을 빼려
돌을 갖다 댈 때의 따스함처럼
불이 들어오는 풍경

화전에서의 며칠간
─ 부사성 9

남아 있는 게, 무에 있을까, 고요한
한낮, 뻐꾸기 소리 조명탄처럼
공기 속에서 터진다
간직해 왔던 몇 줄 문장이 녹아 버린다.
길은, 언제나 길 속에 있다고
말하던 네가 부시시 떠오른다, 한때
네가 능선으로 보인 적이 있어서
네가 그어 대는 산과 하늘의 경계 앞에서
예감으로 달떴었거늘, 그 산 무너지고
나 여기 불탄 자리에서 식물들을
고랭지 채소들을 배우고 있다
화전(火田)이 문득 넓어지고 뭉게뭉게
뭉게구름 모여든다

남아 있는 게, 무에 있을까
날망이 겹치고 그 사이로 빠지는 길
물뱀 껍질처럼 하얗게 떠오른다
수박 밭을 지뢰밭 건너듯
우편배달부 지나간다, 하염없어서
산 수박 하나 머리 위까지 들어 올렸다가

떨어뜨린다, 아 꽉 차게 살아서
붉은 이것, 깨진 수박에 얼굴을 뭉개며
한 번 네 이름을 외친다, 뻐꾸기
한 마리 공중에다 바늘을 한 땀씩
찔러 대며 날아간다

돌아보지 말거라, 네가 돌아보지 않아도 이미 소금 기둥 되어 있으니
―부사성 10

멀리, 살던 집 무너진다, 나는
속수무책으로 비빈 식은 밥 내려다본다
기억력이 힘이 되던 시절은 어느덧
옛날이다, 비릿한 물 내음처럼
나도 가벼운 공기 속으로 흩어만 지고

살았던 집 이제 찾을 수 없다
부스럼처럼 벗겨져 있는 공장 부지들
불 켜진 공장 굴뚝은 빳빳하다
불끈거리는 저 성욕들 뒤로
민둥산이 이루는 느슨한 능선 을씨년하다

옛집을 떠올리는 순간만으로 덜컹
힘이 나 내달리던 적의는 이제 없다
이 따위로 서른 살을 넘고 말았다
찬술 더워지도록 오래 잡고
먼 길 끝을 본다, 내 지나온 길은
죄다, 저렇게 죄다 도마뱀 꼬리 모양
잘려 나가고 말았으니

포클레인 한 대 불을 켜고
마을 우물을 메우고 있다

순장
──부사성 11

찬 서리 내릴 무렵이구나
측백나무 울타리가 안쓰러워 보일 때라고
중얼거리다가 또 지하철을 놓친다
들어설 틈이 없어 안전선 밖으로 밀려난다
입술은 부르터 있고 어제 마감을 대지 못했다
나는 안전하지 못한 것이다, 입술도 결국은
괄약근이 아닐 텐가 하고 피식 웃다가
건너편에 앉아 있는 젊은 여자와 눈이 마주쳐
머쓱해진다, 뒷산 솔가지들이 바싹
말라 있겠구나, 산소 통을 잘라 두들겨 대던
종은 어떻고? 지난번 파업할 때 붙여 놓은
구호들이 찢겨져 있다, 광고와 똑같은 크기로
한국의 명시들이 불을 켜고 있다, 스피커에서
새 지저귀는 소리가 흘러나온다
지하철 출입구도 괄약근의 한 종류구나, 하고
또 웃다가 철길로 떠밀릴 뻔했다

자발적으로 순장(殉葬)한 노예가 있었을까?

FM 고통방송
── 부사성 12

좌석 버스에 서서 간다
운전기사가 틀어 놓은 교통방송은
그러고 보니 중계방송이었다
여기도 막히고 거기도 막힌다는
현장 소식들이다. 신경성 대장염이
오래간다. 속이 더부룩하다
창경궁 앞에서 한 시간을 서 있는다
그러고 보니, 교통방송은
고통방송이었다. 내 속처럼
뚫리면 더없이 신기해하는
이상한 고통 중계방송. 서울 거리는
모두 폐쇄 회로 카메라에 잡힌다
정교한 내시경이다
고통의 중계를 매일 들으면
고통은 자연이 된다. 자연은
받아들여야 하는 것 ── 자, 음악 한 곡
들으시고 마음을 느긋하게
잡수시기 바랍니다. 그러고 보니
이 길에선 고통만이
일방통행으로 교통, 소통하고 있었다

공중 도시
—부사성 13

  티타임은 말이 필요 없어/ 간식처럼 사랑을/ 어색해 보이지 않으려고/ 그대 눈 높이/ 정면에 서서 지퍼를 내린다/ …… 라벨의 볼레로 두 번/ 투스텝으로/ 경쾌하게 돌아서서/ 거울로 쏘아보며/ 웃옷을 입는데/ 타다닥/ 정전기가 인다

  영화처럼/ 서로 이름을 묻지 않는다/ 서울로 돌아가는 길에/ 비닐로 깨끗이 싸서 버리는 오후/ 1500cc 오토매틱을 타는 사랑/ 간식은 위장에 부담을 주지 않는다

  점심에서 저녁 사이/ 저녁에서 자정의 사이/ 그냥 찬 콜라를 찾듯이/ 서울을 빠져나갔다 오는 거야/ 이 도시는/ 약속이 어울리지 않아

  서울로 돌아가는 길/ 엘리베이터 뮤직을 틀고/ 핸들을 드럼처럼 두드리며/ 바다를 보면 말이야/ 그 밑바닥은 꽤나 울퉁불퉁한데도 말이야/ 그 수면은 수평선이란 말이야

타클라마칸
── 마지막 황홀

모든 길의 끝 실크로드
모래처럼 부서지며 흘러내리며
비단길의 입구에 서 있다
묵시록을 다 읽어 버린 벙어리처럼

여기는 입구가 아니라
다름 아닌 맨 처음의 출구라고
중얼거리는
마지막 황홀

히말라야를 넘어온 거대한 바람이
사막으로 들어서고 있다

여기서 한 걸음만 내딛으면 된다

잘 썩은 풀은 깨끗하다

이 머리통 덜 썩은 두엄처럼
화끈거리고 또한 덜 썩어서 누추하다
독버섯 몇 개씩 빨간 지붕을 내민다
몸속 어디에도 맑은 피톨 없고
굳은살과 뼈도 없구나 긴긴 여름 눅눅하고
어두워서 덜 마른 쑥대로 모깃불
지피는데, 캐객, 이승인 것, 남아 있는 것은
매캐하구나, 찔끔, 눈물도 터진다

저녁놀 붉은 섬유가 다 풀어지고
온갖 그림자들 땅거미가 집어삼킨다
어둠이라고 발음하면 북소리처럼 사방이
적막해지거늘, 어둠어둠어둠 어 둠
둠둠둠 어둠의 울림 속으로 등롱초(燈籠草)
몇 포기 일어서누나, 낮의, 삶의
거죽을 뒤집으며 밤이 오는데

누가 와서 내 두엄 같은 머리카락을
들추어 보더니, 음 여기 등롱이 피었네
하고 간다, 내가 등롱이라?

나보담도 더 어두운 생각 있었는갑네 하면서
머리카락을 쑤석이는데, 아, 눈빛이
밝아져 빛줄기 뻗쳐 나가는 것 아닌가

북두칠성까지도 가 닿고 저수지에
빠져 죽은 누이도 보이고
이웃들 십 년 뒤쯤도 선명한데
텃새들 수런거리고 아침놀 산날망에
어른거릴 때, 마을이 불끈 아랫도리를 추스르며
잠에서 빠져나올 때, 들판이 우지직 기지개를 켤 때
또 누가 와서, 그놈의 독버섯 꼭 등롱초 같으이
하면서 더운 오줌 한줄기 뿌리고 간다

덜 잔 잠, 아, 덜 썩은 푸성귀인
이 젊음인 것이여

길섶

사랑이 이 길로 간다 한다
등롱초 심어 이 길 밝히려는데
온갖 바퀴들 먼지로 뒤덮는다
사랑의 맨 처음이 이 길로 지난다 한다
등롱 걸어 깨끗한 손뼉 마련하려는데
왼갖 현수막들 터널처럼 자욱하다
사랑의 맨 뒤도 이 길이면 볼 수 있다고
등롱초 따다가 사랑이 남기고 간 것들
불 밝히려 했는데 난데없는 조명탄이
살수차를 끌고 온다

기다리거나 다짐하지 말아라
등롱초 몇 송이 등롱을 벗고 말한다
등롱초 같은 것으로 무엇을 감히
빗대려고 하지 말거라
사랑이라면 길섶 없는 길로 다니는 것
세상에 난 길가에서 기다리지 말거라
사랑이라면 길섶을 새로 만드는
새 길 열며 오는 것이다, 하며
등롱초 몇 송이 걸어 나가 길의

입구를 여는 것인데 발아래 보니 두 발은
땅속에 박혀 뿌리를 내리고 있구나

염전중학교

교가는 생각나지 않았다
십팔 년 만이다, 우연히 중학교 동창회에
끼어들어 국밥에 캔 맥주 마신다, 다들
열심히 늙는구나, 같이 염전에 가서
멱 감던 놈은 군대 가서 죽고, 그 여자 애는
미치고 미쳐서 떠났다 한다, 십팔 년 만……

후아 웃통을 벗어도 덥구나, 야 이 새끼야
뒈진 줄 알았다, 낮술 어지러워 붕붕
위이잉, 너무 빨리들 늙는구나, 전속력으로
예까지들 왔구나, 희망에들 속았구나

그러고 보면 소금은 찌꺼기다
태양이 마지막까지 거두어 가지 않는
버림받음인 것, 잔류인 것

교가의 첫 구절은 끝내 떠올리지 못했다
빈칸이 더 많은 주소록 받아 들고
땡볕 속, 없는 염전 가는 길, 띄엄띄엄
걷는다, 학교가 안 보이는 언덕배기서

토악질한다, 아, 십팔 년이…… 가 버렸다

염전 막아 만든 김포 쓰레기 매립장
나는 태양을 쏘아보고 있었다

개똥벌레

뭉클, 솟아나는 저 여름 산
진초록, 원근은 편안하고 자욱하다
너는 한낮의 가로등처럼 없는 듯
있었는데, 기실 저녁도 알고 보면 동쪽에서
오는 것이었는데, 그림자 자작자작 밟으며
동쪽에서 오는 거였는데, 꿈뻑

어미 소처럼 가로등 불 들어오고
3번 국도 휴게소에서 저물 녘 발간
가로등을 마주친다, 울컥
저녁은 옛일을 데불고 와서 마악
생겨나는 어둠을 좌악 펼친다
쉼표처럼 반딧불이 켜진다
가로등에서 너는 반딧불로 몸 바꿔
내 잘못에 따끔따끔 침을 놓고 있구나

원근이 사라지면 불안하다
저녁은 동쪽에서 오는 것, 옛일도
옛날에서 오는 게 아니었다, 이렇게
도처에서 나를 기다리고 있는 것이다
가로등 불 자꾸만 밝아진다

이명

애드벌룬에서 지하도 바닥에 붙은 양말 광고까지
이 거리는 소리친다 두 눈과 귀를 닫아도
거리는 한시도 입을 다물지 않는다
저 인구 시계로부터 어제의 교통사고 숫자까지
텔레비전은 물론 자명종까지
이 도시는 늘 외치거나 재잘대고 있다
저것들을 멀리하는 그때가 죽음이다

펌프

불효보다 아린
간음

듬성거리며 낯익은 무덤들이 햇빛 속으로 들어섰다
불어난 붉은 물, 눈물을 훔치며
개울을 건너다 아, 젊었던 할아버지

이 눈물을 어떻게 다스려
편안한 꿈자리 몇 평 가꿀 수 있을까
이 죄짓는, 빚더미 같은 서른 살
마른 잔등에 지하수 끼얹으며
흑, 근친상간처럼 숨 막히는
여름날 땡볕을 보았다

불효보다 시뻘건 잘못을 엎지르고
발목을 삐던 밀밭
그놈의 소나기

감기

이렇게 기(氣)를 온몸으로 느끼는데 왜
몸에 살(煞)이 끼느냐 몸살
앓아야, 아니 알아야 거기에도
땀의 구멍 있음 알게 되나니 뼈의 마디
갈피 사이로 시린 바람 숭숭 드나니
몸살, 이 아니 신병〔巫病〕인가
녹스는 몸에 살(煞)
환하게 드는 날 지하실
방구들에 누우면 먼 산 날망
위로 내 그림자 분질러지나니
나 쓰러지면 썩은 이 몸 누가 지고 갈꼬나
내 몸에 든 몸살 잘 대접해야 하것다
내 몸 방방곡곡 웅숭하게 해야 탈 없겄다
그동안 업수이 여기다가
몸살 심해 활활 내 몸 불타오르니
누가 내 이 한 몸 소지로 여겨 주려능가
먼 산 날망 작두날처럼 시퍼렇네 가서
이 몸 누이고 싶네 신어머니
오실 저 한 길
머리카락 뽑아, 터럭까지도 뽑아

짚신 켤레라도 삼아야 하지 않을랑가 몰러
느낌만 예감만 많아지니 이 아니 병인가
함부로 감기(感氣)할 일 아니다

책마을 책방

팔려 나간 책은 오늘도 빤하다 청소부가 된
성자하고 세상은 넓고 땅도 모자란다 월간 여성지와
가계부 실전 모의고사 문제집 그리고 책방에 딸린
담배 가게에서 팔려 나간 팔팔 스무나문 갑
참교육하다 밀려난 강 선생은 몸담았던 학교를
떠날 수 없다며 학교 발꿈치에 세 평 남짓한 가게를
얻었던 것인데 지나 보니 책도 상품으로만 보이니
여차하다간 날마다 소주잔이다 서문이 나쁜 책
어디 있느냐? 책과 독자는 알과 새의 사이이지만
너희들 품에 안겨 줄 책 많지 않구나 올해도
고향 부모님께는 다녀오지 못했다 그 벌판
너무 넓기만 했겠다 밤무대에서 나팔을 부는
동생 발길도 뜸하다 자율 학습 불빛 운동장까지
밝히고 있다 강 선생은 백묵 만지던 오른쪽
세 손가락이 근질거리는지 두 손을 비빈다
생각과 삶을 그리고 그닥 그립지 않은 내일을
비벼 댄다 요즘도 지각하는 꿈자리 한낮까지 어른거리고
책마을 책방에 불이 꺼지고 책들은 밤새
겉표지 밖으로 나돌아 다녔다 추운 별들이
웅얼웅얼 소리 내며 어둔 세상을 읽고 있었다

변산 숙모의 소리

거울 오래 보지 말아라, 그 속에 전혀 다른 사람 너를 뚫어져라 보고 있을 터, 거울이 혼을 앗을 터이니, 오랜 거울 삼갈 일이다, 큰 싸움 일어난다

뒤척이지 말아라, 꿈자리 첩첩 적막일 때에도, 한 컵 우유 같은 반투명으로 시야를 가릴 일, 아침에게 미안해하지 말아라, 꿈 또한 큰 화 불러 모으지 않느냐

그리움, 변산 앞 가을 뻘처럼 펼쳐져도 발 들여놓지 말아라, 뻘은 산 자의 자궁 아니니, 그리움 발 앞에 던져두고 썰물 밀물 건너다보아라, 하여 그 뻘 같은 그리움에서 나문재 한 포기라도 돋아난다면, 살 만하다고 하여라

그리움에서 힘 얻는 삶 있다면 그가 스승이다 여기 식구들 있고 저기 지기들 있다 더 많은 타인들 있다

거울 속으로 드느냐, 꿈의 안깃으로 지나가느냐, 매양

아침인 것이 서러워 채석강 단층처럼 쌓이기만 하느냐, 속절없이, 가락도 안 되는, 음향을 부여잡고, 그래, 아침의 옆으로만 난 길섶에서, 그래, 주저앉자는 것이냐

거울 조심하여라, 어느 때 보면 그 안에 모든 게 있더라, 그래서, 오직 네가 그 거울을 볼 일이다

거울 밖, 꿈의 바깥

현기증

잎새 다 뜯어낸 감나무, 알전구 같은
홍시들을 달아 놓고 있다
죽어 간 이들 낯빛 환하게 떠오른다
묘지 입구, 공휴일에 나앉아
죽음을 확인하러 온 사람들을 바라본다
양지 녘에서 나는, 녹슬기 직전 파르르
치를 떨 강철을 생각하고 있었다
습기의 불결함과 타협하지 않기 위해
일부러 그러는 것이라 한다 그렇다면
내 몸 이 두터운 녹의 더께는 무엇인가
공원묘지 입구, 제 살들을 뜯어내며
감나무는 제일 큰 나이테를 얻는다
세기말이 간다 아니 오고 있다
내 녹의 덕지덕지함에 진저리 쳐진다
오존층처럼 내 믿음의 남극 위에도 아메리카만 한
구멍이 생겼나 보다
나는 저 죽음들에게 미안할 뿐이다
익은 감 하나 아무 일도 아닌 듯 투신한다
영구차가 뽀얀 먼지를 일으킨다

천일야화

전쟁 뉴스의 초단파가 개나리 새순들을 건드리고 지나간다
봄의 벙커가 조금씩 열린다
검은 비 멀리서 내렸다 한다 검은 비, 검은 비가를 들으며 사막으로 내리꽂혔다 한다 모래 구릉에 무수히 박혔을 못들, 터지지 않은, 레이더에 잡히지 않은 성서와 신화들
낙타는 이제 사막의 길 아니다 근교에선 개구리가 고속도로 곁으로 올라와 수은 같은 걸 게워 내고 있다
봄, 이런 봄은 처음이고
사람들 저러한 마지막을 어쩌지 못해 스피커 들고 나다닌다 전쟁 뉴스처럼, 말세도 이젠 상품이어서
지난 겨울엔 이곳에서 숨을 쉬다가 죽은 이들이 있다 한다 물과 불, 공기와 흙은 가만히, 아무 일도 없다는 듯 사람들 속으로 들어간다 그 들고 남이 이젠 죽음이어서, 방독면 허리춤에 차고 사람들이 걸어간다
봄, 황사 대신 저 사막의 폭풍이 바다를 건너온다
천산남로를 달려온다
그해 봄, 누구를 위한 이야기인진 몰랐지만
천일야화의 그 몇 날 밤이 새고 있었다

산성 눈 내리네

산성 눈 내린다
12월 썩은 구름들 아래
병실 밖의 아이들이 놀다 간다
성가의 후렴들이 지워지고
산성 눈 하얗게 온 세상 덮고 있다
하마터면 아름답다고 말할 뻔했다
캄캄하고 고요하다

그러고 보면 땅이나 하늘
자연은 결코 참을성이 있는 게 아니다
산성 눈 한 뼘이나 쌓인다 폭설이다
당분간은 두절이다
우뚝한 굴뚝, 은색의 바퀴들에
그렇다, 무서운 이 시대의 속도에 치여
내 몸과 마음의 서까래
몇 개 소리 없이 내려앉는다

쓰러져 숨 쉬다 보면
실핏줄 속으로 모래 같은 것들 가득
고인다 산성 눈 펑펑 내린다

자연은 인간에 대한
기다림을 아예 갖고 있지 않다
펄펄 사람의 죄악이 내린다
하늘은 저렇게 무너지는 것이다

비닐우산

그 무렵의 보리밭
이라고, 중얼거려 보면 마음 한켠 환해진다
여기에는 푸르름이 전혀 없는 탓
내 속에 푸르름이 없는 탓이다

푸른 것들은 살의를 품은 듯
있는 힘 다해 햇빛 빨아들인다
살아서 푸르른 것이다 내 어려 살던 곳
보리밭 이랑이랑 푸른 것들의
무더기들 더운 흙 속을 쑤셔 대고 있었거니

비닐우산 들고 여기, 아침으로 나오는데
그 여린 보리들처럼 너는 이 비를
빨아들이지 않는다 이 비 나는 비켜 간다

너도 그러할 터, 비닐 한 겹으로 하늘과
나는 막혀 있구나, 갈라져 있구나
이러한 투명은 절망일 터, 너와 나도
빤히 보임으로써 갈려져 있다

썩어져 없어지지 않는 것이
가장 큰 죄, 죄악이다
비닐 같은 문명들 겹겹으로
오늘을 뒤덮고 있다
이 봄날 지나면
우선 내가 먼저
너로부터 썩어져 나가리니

오존 묵시록

오존 강은 푸른데
그 강 너머 오는 별빛들 칡넝쿨처럼
얽히는데 오존 강에 설키는데

어른이란 사실이 이젠 범죄여서
이 지구에 지금 살아 있다는 것이 파렴치여서
우리가 날마다, 알지도 못하는 채
쏘아 올리는 화살이 있었구나, 매일매일을 우리가
띄워 내려 보내는 뜰 것들 있었구나

하늘로 쏜 화살이 내려오지 않는다*
바다로 간 뜰 것들 가라앉아 버린다

오존 강 말라서, 오존 강은 갈라져서
아 우리들 살던 옛집 푸른 지구
막무가내로 무너진다
하늘로 쏘아 올린 화살 벼락처럼
내려온다 불의 비, 질타의
장대비, 섭리의
쇠못 같은 비, 거침없이 퍼부어진다

모두 잠긴다 떠내려가는 것
아무것도 없다 지구에서 쏘아 올린
화살과, 바다로 흘려보낸 뜰 것들로
가득하고 가득하고 가득하다

늦었다고 생각될 때는 이미 늦은 것
오존 강 건너
묵시록의 굵은 글자들, 우리가 별이라고 믿었던
빛들이 붉은 피를 떨군다
늦었다고 생각될 때 이미 묵시록은
시작되고 있었다

* 진명서적이 발행하는 도서 정보 안내 책자 《책마을》 1990년 가을호 4쪽에 실린, 황현산의 글 「결과가 나타난 뒤에는 너무 늦다…… 지구환경 시리즈를 기획하며」에서 변형시킨 것이다.

고비사막

나는 공해 유출 업체,
염통에서 낡은 엔진 음 들리고
머리카락은 푸른 광합성을
일으키지 않는다 낙엽처럼
후두둑 기억들 떨어져 나간다
관절에서 쓰다 만 윤활유가 새 나간다
나, 좋지 못한 환경에서 자라났다
하나의 환경 내 안팎에 있으나
내 스스로 이바지한 것은
아니었다 나의 짧은 생은
방사능 흘리며 역마살을
풀어 대는 것이었다

사랑이라고 한때 말했던 관계들아
약속들아, 아직도 그리움으로
미지근한 것들아 미안하다 아, 나는
방부제로 연명해 온 것이었으니
썩은 땅 위 구멍 뚫린 오존층 아래
묘비명처럼 천천히
그러나 깊이 새겨지는 한마디

내 삶은 이미 환경문제였다
나는 공해 배출 업소였다

산길이 말하다

이 길 산이 원하진 않았다
산이 사람을 허락한 것은 아닐 터
산이 너희들의 여가를 위해
푸르른 것은 더더욱 아니었다
산이 이 도시의 허파라고
자처하고 나선 것도
아니다

폭포 앞에서, 푸우 상한 허파를
꺼내 보는데, 우욱 두 손 가득
허파꽈리에서 튀어나온 솔잎혹파리들이
알을 까 대고 있었다. 아아 내
살갗의 모든 숨구멍 붉게 녹슨다
혀가 납처럼 굳고
혈관 속으로 수은 방울이 굴러다닌다
백일몽이 길어진다

이 문명을 내가 원한 것은 아니었다
산은 관대함의 크기가 결코 아니다
산사태 같은 원한의 폭포가

도시를 덮치리라, 산길, 아직은
산길이 말하는 것인데
낮달 같은 백일몽이 그대로
깊은 밤을 점령한다

사방이 자욱해지면

사방이 자욱해지면 내가
중심이 된다. 안개 속에서는
누구나 맨 앞이고 맨 뒤이다
어깻죽지 축축해지는 봄비 멎자
그 틈새로 안개가 밀려와
시멘트처럼 굳는다
이 들끓는 봄날은 수시로 나를
한가운데로 밀어 넣는다
안 보이면 없는 것이라고 믿어 버리던
습관, 무섭다, 사방이 자욱해지면
한가운데서 이렇게 움직이지만
사방이 캄캄해지면 누구나 움직이는
한가운데, 아니 한가운데인
변방인 것, 방향제만 같은 그대
그대는 어디에서 흩어져 오는가
자욱해지는 것인가, 봄날은
꾸역꾸역 안개를 피워 댄다
봄날은 안 간다

눈과 귀 틀어막다

그렇다, 나에게 말을 걸어오는 이것은
인격이 아니다, 먼 기억도 아니고 책갈피도
아니다, 바람에 뒤켠을 들키는
여름 나무의 잎사귀처럼 나를 한순간
뒤집는 것도 불현듯 길을 막아서던
옛사랑이 아니다
이 도시이다, 도처에서
이 도시가 나에게 말을 걸어오는 것이다
내가 있는 곳이란 이 도시의 중얼거림과 속삭임
담화문과 스팟뉴스 사이일 뿐이다
죽음이란 도시와의 대화에서 제외되는 것일 뿐

우리가 이 도시를 지나가는 것이 아니다
두 눈과 귀를 열게 한 뒤 이 도시가
우리를 끊임없이 스치고 지나가는 것이다
도시가 내미는 이 희고 고운 손들을
조심하라, 관능은 죽음과 가장 가까운
풍경인 것, 세련은 이미 무수한 죽임 위에
버티고 선 힘인 것이다

게으른 사람은 아름답다

나팔꽃처럼 나는 아침에
피어나지 못한다
엊저녁 젖은 길 바지에 매달려
흔들린다 아침에게 늘
미안하다

게으른 사람은 힘이 세다
아프도록 게을러져야 한다

아침 지하철에서 이웃을 사랑하라는 신의 명령과……
점심에 먹을 개소주가 흘러나온다

두 눈 부릅뜨면 해를 볼 수 없다
병이 날 만큼 게을러 보고 싶다
시청 역에 붙은 위장약 광고
꾸역꾸역 개찰하며 약봉지를 버린다

게으른 사람이 힘이 세다

게으르면 거짓말을 못 한다

서머타임 시계 바늘을 돌려놓으며
사람들이 욕을 한다
피로 회복제를 먹는 점심

게으른 사람만이 아름다울 수 있다
아플 만큼 한번 게을러져야 한다

해바라기처럼 나는 노을을
놓아주지 못한다 늘 저녁에게
잘못한다

게으른 사람만이 볼 수 있다

버섯, 버섯

한 사람 여기 어둠에 적극적이네
여리고 기나 그의 몸 버섯처럼 늘
젖어 있고 간혹 무너지네
검게 젖은 땅 긁으며 우네 웅크려 있네
아직 대화를 모르네 여기 한 사람
거미줄에 익숙하네 더러 박쥐처럼
두 팔만 길어지나 날개는 아니네

어둠이 쉼표처럼 찍어 대는 이슬방울도
그의 몸 썩게 하네 버섯이 거미줄과
만나네 그의 몸 물이끼로 덮이고
그의 입 거미의 집이네
여기 한 사람 어둠에 적극적이네
어둠의 승려 안타깝네

나 오랫동안 어두웠네
파란 불씨 보면 기다리지 못하고 삼켜 버리고
이내 더욱 어두워지곤 했네
이 문드러진 살도 부비면 파란 불
댕겨질까 매달리네

지지직 파란 불에 이 버섯 불타고 싶네

한 사람 여기 나
아직 어둠의 시간에만 살고 있네
몸이 버린 몸과 만나고 싶네
한 사람 여기 내 몸뚱어리에
적극적이네 캄캄하네
물컹 버섯처럼 밟히고 무너지네
이 몸 내다 널고 싶네

나는 버섯, 버섯의 승려
죽어 가네

대관식

자전거를 타고 우편물들이 정오를 넘어간다
입 꼭 다물고
라디오에선 대관식 알리는 음악이 흘러나온다
길은 비어 넓어 보인다
워키토키의 잡음이 안개의 속살을 후벼 판다
피가 난다
냉장고 문처럼 닫혀 있는 거리

안개를 걷어치우는 팽팽한 햇빛
바리케이드를 열고
에스 자 길 타고 이따금
산모를 실은 군용 트럭이 줄달음친다
대관식이 끝나고 있다
헬멧은 빛나고
주소가 지워진 소포처럼 갈 곳 몰라 하는
정오, 영화가 시작되고 있다
검은 피 흥건하다

거미 여인의 춤

이 그리움은 전방위이다
이 거미줄에 닿지 말아라

거미보다 외롭다
그대는 공기의 한켠 무관심처럼 내다 건
이 기다림 보지 못한다 그대는
언젠가 지나가리라

캄캄한 다짐 한 가닥
바람에 걸어 놓고 눈물도 아껴
거미줄 만드는
이 푸른 도화선의 순간들

거미처럼 기다려 왔다
이 외로움에 닿지 말아라

그대 기쁨의 처마에서 툭
떨어지면서 그날부터 파랗게 고여
거미줄 만들었거늘, 이제
소리쳐 부르지 않으리라

넓은 강

넓은 강이 운다
긴 밤 내내 얼음장 쩌렁쩌렁
흐르지 못하고 언 강은 소리 내어 운다
우는 강은 흐르지 않고
깊은 산자락 뒤척거리며
강 울음 듣는다

우는 것은 강이 아니다 두어 뼘
강물이 내어 준 강의 거죽만 꽝꽝
얼었을 뿐이다 날카로운 능선
핏발처럼 곤두선 나무들도 깊은 뿌리로
견디고 있는 것, 이 강산 깊은 밤
흐르고 있는 것을

강 울음 듣는 저녁
동산을 향해 눈 뜬 밤
끄르릉 우는 강 울음 아래
더운 지열을, 등성이 깊은 속
맑은 물을 더듬거리는 새벽
나의 믿음은 살얼음처럼 불안하다

아침, 저 기쁨만큼
두려운 처음이여

검은 트럼펫

너는 말이 없구나
그리움 식어 이렇게 어두운데
안간힘으로 흐린 불 몇 개
세워 놓고 있는 길 따라
너의 걸음은 더 이상 부드럽지 않구나
눈 둘 곳 없으면 눈 질끈
감아 버리고 앉은 자리 주위로
한숨 툭툭 던지고 너는
말이 없구나 어두워지면
멀리 있는 소리 가까이 달겨들고
썩을까 봐 고여 있지 못하도록 늘
홀로 뒤흔들던 외로움 어지러워라
이제 길은 비어 있고
저녁의 푸른 하늘 속으로 내 마음은
종소리보다 희미하게 지워지누나

너는 말이 없구나 말이 없으면
죽었다 치는 시절에 너는
고문처럼 지독하구나
고문과 같은 사랑이었구나

너는 말이 없구나 그리움 식으면
푸르던 사방 캄캄해지고
뚝뚝 길 잘려 나가는데
아침 햇살 내가 불던
트럼펫 소리처럼 퍼져 나가던 그때
그 고요 속으로 힘주어 걸어 보는데
지금 내가 부는 트럼펫에서는
피가, 핏방울이 뚝뚝 듣는다

황혼병 4

잠 언저리로 샐비어 꽃들
가을, 갈바람은 숫돌 같은
바다를 달려와
날카롭구나 잊혀진 것들
피를 흘린다

잠 속에서 울었던 울음들이
생선과 함께 마르고 있다
저녁의 붉은 갯내음 씻으려
소주를 따르다가 다시
잠든다
추락한다

하찮아지고 싶었다
내 그림자만 해도 무거웠다

아침

막차를 탄 사람들은 서로 너그럽다
마지막인 줄을 알고 있어서 그렇다
간밤에도 그러했다

이른 아침, 친구는 아직 겨울을 나 보지 않은
아이에게 묽은 젖병 물리면서
쌍봉낙타의 아주 가느다란 발목과
목마름을 멀리하는 방법을 이야기했다
위벽은 훨씬 더 얇아진 것 같았다
새벽별 몇 개 하늘 속으로 지지 않고
몸속으로 떨어진다 피가 난다
아침이다
친구의 식구들이 일어나 거대한 눈을 끔벅이며
술내 가시지 않은 젊은 애비를 바라보았다

첫차를 타는 사람들은 서로 알은 체를 한다
처음이 외롭기 때문일까 젊어 늙은
쌍봉낙타 한 마리 하염없이 맑게 갠 아침에서
휘청거리고 있었다

길

이 기분 좋은 낯설음과 불길한 낯익음들
길은 때에 절은 소맷자락처럼 잠깐씩 반짝였다 빈 겨울 한낮이었다
민둥산들 엎디어 낮은 길 질끈 둘러매고 있었다
벌판이나 능선 혹은 지붕들 날을 파랗게 세우고 있었다
땅의 낮은 데와 은밀해지며 구름들은 어느새 무거워져 있었는데
한 번 출렁거리며, 환속 같은 첫눈 퍼부을 모양이었다

길 스스로는, 아예 아무런 목적지가 없을 터였다
폭설과 같이, 저러하게 냉정한 정사도 있느니
허연 민둥산의 엉덩이께로 길은 녹아 붉고 진창이고
때에 찌든 채 나 한 번 번쩍이고도 있었으니
돌아다보니, 길은 한끝을 곧추세워 내 홍문으로 들어서는 것 아닌가 낯설음과 낯익음 사이로
새로워라 내가 실려 있는 이 길, 한겨울

합창

푸른 새벽 잃은 지 하 오래
길은 문밖에서 잘려 있다

뱀의 무리와 지낸 간밤 꿈
잘못 맨 넥타이처럼 풀리지 않고
허겁
저만치 앞서 가는 길 따라잡으며

새벽을 잃어버린 지 너무 오래여서
쓰러진 모래시계처럼
침묵하고 있는데

아침마다 그 숲길 걸으면
사념이 말끔히 가신다는 인도의 성자
합창은 너무 멀리서 들려온다
지나가 버린다

몽촌토성

──올림픽 선수촌 언저리에 있는 오래된, 새로 '복원'된 토성. 흙으로 만든 그 낮은 언덕배기가 몽촌을 지켰다고 나는 믿고 싶다. 아, 몽촌 꿈꿀 권리가 있는 사람들의 마을.

봉숭아에서 쉼표 같은 아침 이슬이 떨어진다
병아리 모양 옛날은 아직 수숫대 울타리 안에 있다

개떡을 빚는 젊은 어머니
염소는 노름꾼 외삼촌보다 멀리로 가 있는가 보다
왜정시대 때 받아 둔 채권에 싸 둔 아편을 몰래 만지는,

"신분증 좀 봅시다"
소음의 갑옷, 공해의 방독면, 믿음의 방패를 무너뜨리며……
내 신분증,
맑은 눈물을 보여 주었다

서릿발

너의 희미해지는 낯빛에 살얼음
깔린다 저물 녘 서편 하늘
샛별 올려다보면 상한
어금니 시려 온다 그대 있던 자리
서릿발 으스스
땅거죽의 성긴 데 밀어 올린다
사람들의 거리에 말〔言〕이 사라지고 있었다

네가 와야 할 길 일렬로
어둠을 맞는다 빛과 어둠 사이
주춤거리고 있는 나, 무수한 내가
서릿발만큼 올라서 있는데

낯익은 그림자들 길어져 지워지는 길 위
순식간에 머리카락들 날카로운 못으로 바뀐다
대갈통 하나 어둠을 향해 돌진하다가 나뒹군다

서릿발 짓밟으며 썩어 가는 구두들이 많았다

분꽃

소리 내지 못하는 나팔에는 붉은 독이 고인다

큰 어둠 단내 나도록 쥐어짜 한 방울 이슬
껴안으며 분꽃 분하게 자라난다

땡볕에 뻥끗 입 한 번 못 벌리고
툭 검은 씨앗을 떨어뜨린다

분꽃
분한 꽃

형부는 수력발전소처럼 건강하다

수력발전소까지 자전거를 타고
올라가면 형부는 수문에서 지난
여름의 물을 닫아 놓고
성가를 듣는다
그레고리안
제비는 떠나갔다 자전거 바퀴에
바람을 집어넣고 댐에 앉아
바라보는 옛집은 불을 밝혀 놓고
어두워진다 그러는 게 아니었다
내가 산을 넘는 것이 아니었다
형부는 발전소 푸른빛으로 온몸을
충전하며 집으로 내려간다
산 울음으로 너를 부르는 것이
아니었는데 제비는 곧장 남으로
내려갔다 나는 산에 남아 있는 오월의
나무둥치에 기대 강의 맨 처음
첫사랑의 물을 몸에 적셔 본다
옛집에서 멀리 떠나와서

옛집 기둥에 남아 있는 둥지를

그려 본다 형부는 그레고리안
성가를 듣고 있겠다 댐에 고여 있는
여름의 산과 산이 흘려보낸 물들
제비는 날아가고 보름에 가까워지는
달은 증명사진처럼 나를 내려다본다
달빛을 칭칭 감으며 내려오는 산은
이마를 들어 댐으로 빠지고

형부는 수력발전소처럼 건강하다
나는 첫사랑의 노트에 오월을 접는다
내가 그 산을 넘는 것이 아니었다
그레고리안 형부는 성가를 듣고
수심을 재고 집으로 내려간다
옛집 기둥 둥지에는 구겨진 사랑
먼지처럼 담겨 있고 자전거를 타고 올라가는
발전소 입구, 송전탑으로
흘러 나가는 형부의 사랑은
얼마나 푸르고 길고 긴가

실수

묘비명에 새겨 달라고 부탁하다가
아마 몇 분 늦게 숨을 거둘 것이다
몇 분 먼저 죽음을 알아 버린다고 우뚝
죽음 앞에 빛나는 글자 박을 수는 없겠지만

훗날이면
오자처럼 읽힐 이 살림, 살림살이들

수많은 실수 속에서 겨우 사랑을
배우고 간다*

모질지 못해 사랑에게 침묵하지 못하고
간다

이미 읽혀지지 않는
무수한 오자인, 묘비명인 사랑이여

* 얼마 전 국내에서 상영된 무슨 외국영화에서 잘생긴 여자 배우가 한 말로 기억된다.

에덴의 서편

해가 운다
해가 울어
저녁은 오고
오며 가는 바람
사이에서 어둠은
자리 잡고
해의 눈물을 받아
어둠을 적시며
우리 또한
태양의 밝기로
먼 곳에서부터 만나고
서로를 덮어 주고
지나온 처음 이후의
날들
자욱한 태양의 눈물로
우리는 땀을 흘리고
머리카락 날리며
에덴의 동쪽
그 아득한 아침에서부터
지금까지 빙글

빙글 돌고 있는 태양
우리 사이에
어두운 바람을 데우는
태양 하나
궤도를 이루고
에덴의 어두워 가는 서편까지
약속하면서
태양이 우는 저녁
저녁마다
태양이 지나간 자리마다
우리의 사랑을 세워 놓으면
에덴동산
아직 사과 열매 맺지 않고
아무것도
죄를 이룰 수 없어
해가 우는
태양이 소리 내어 우는
그 넓은 아래에서도
우리는 아름답게
바위의 틈을 지나고

환한 바위 속에서
뱀으로 태어날
많은 씨앗들을 구워 먹는다
공중에 가득
태양의 젖은 눈동자 가득하고
우리 사이를
자유롭게 떠다니는
에덴의 서편에서
태어나는 태양 하나
저녁에도 거리낌 없이
그림자를 이루고
사과나무 수풀 무성하게
열매 매달아도
그걸 아무리 따 먹어도
우리는 슬퍼지지 않는다
우리의 사랑은

지구에서 지구로 걸어가는 동안

먼 별
먼 별 비처럼
풀잎의 지붕 위로 내려온다 아직도 다친
가슴을 비추어 주며 바람이 시작하던 언덕으로
나의 어떤 이름 하나 달려간다 그 시절
걸어 나가면 지구의 끝에 닿으리라
사랑의 끝에 태양은 소금 몇 줌 남겨 놓으리라
믿었지만 늘 바라보는 언덕 위의 먼 별
비처럼 내려오는 별빛처럼
푸른 바람 한 줄기 멈추어 서는 이곳에서도
지구는 단추를 풀어 가슴 드러내지 않았다

어떤 때는 햇빛의 가운데에 나무를 심고
한입 가득 생수를 머금고 기도처럼
불을 밝히기도 했었다 사방의 어느 곳으로 달려 나가도
물은 먼지처럼 쌓여 수평선을 이루고
남아 있는 언덕의 모습은 앞으로도 오랫동안 그 모양을
지킬 것이므로 양손에 든 불빛으로 나의
그림자 언덕에 흔들리다 쌓이고 바람은 아무 데서나 시작하여

물방울들을 움직여 놓았다
지구의 어깨에 나무 한 그루 심고

다친 가슴이 흘러내린다
갑자기 멈추어 선 저녁 위로 나의 온몸은 흘러내려
등받이 없는 저녁의 의자와 함께 나는 핏빛이다
시작의 복도를 지나 뚜벅거리며 밤은 유리창을 열고
나는 차양 위에 내다 넌 젖은 소망이나
자유를 걱정하지만 노을의 낡은 잔등은 일전의 길을 따라
방풍림을 바람에서 건지다가 바다로 내려간다
푸른 복도의 끝으로 다친 가슴을 데리고 간다

그러나 그날의 비망록에도 나는
햇빛에 피리어드를 찍었고 내가 버린 눈물 구름으로
떠돌 것이며 나의 이 모든 것들이 지구를 빙빙 돌아다니다가
바람이 시작되는 시간이거나 먼 별
첫눈처럼 내리는 시간에 다시 지구의 어떤 외로운
언덕으로 뛰어내리리

먼 별 비처럼 지구의 어떤 밤으로
끊임없이 내려오는 외로운 언덕에서
나는 지구에서 지구로 걸어 나가기 시작한다

집 안팎 식구들 다 잠들고

나는 지붕으로 간다
참 많은 식구들 언덕으로 올라오는 동안
나는 몰래 내다 넌 속옷을 걷고 지붕 아래
나의 방으로 올라간다
그들이 저녁 식탁에서 잠깐 나의 안부를
물을 뿐 지붕 바로 아래 나의 방은
아무도 방문하지 않는다
창문에 걸어 두었던 이불을 나무 침대에 깔고

나는 깨끗한 속옷을 입고 밤이 오기를 엎드려
기다린다 자전거가 달려가며 땅의 낮은 데서
뽀얀 먼지를 일으킨다 멀리서 텅 빈 학교 운동장에도
어둠이 들어서고 강의 얼굴은 아직 황금빛이다
발전소 불빛이 제일 먼저 들어오고 나는 안심하고
문을 연다 지붕으로 나 있는
하늘을 열고 나는 누구에게도 들키지 않고 우선
말을 해 본다

그리고 어제 강물의 이마에 꽂았던 빨간 깃발을
따라 멀리로 내려간다 아무에게도 나의 병을

전하지 않으려고 나는 강의 가운데로 내려간다
발전소 불빛도 나를 따라오다 지치고 손을 들면
산의 허리가 닿는다 여기서 나는 환자 불치의
병의 주인이 아니어도 된다 나는 물을 사랑해
나의 방에서 사랑하는 물은 안타까워
별이 손을 내려 자정임을 알려 준다 나는
물과의 입맞춤을 마친다

식구들 잠의 맨 아래 잠들어 있고
나는 지붕으로 뛰어오른다 왜 식구들은 나를 내다 버리거나
아침 우유 속에 독약을 넣어 주지 않을까
한낮에는 살고 싶지 않아 창문을 담요로 닫고
강물 흐르는 소리와 죽은 피가 몸의 구석에서
정신의 구석까지 몰려다니는 소리를 섞으며
나는 저녁이 오기를 기다려
말을 하고 싶은데 말이 전혀 필요치 않으니

밤에 나는 떠 있어 왜냐하면
말할 수 없는 힘으로 나는 날아다닐 수 있거든

약을 먹을 시간이야 피가 맑아졌으면 얼마나 좋을까
잠자는 식구들을 깨워 손뼉 치며 노래하고
내 나이가 몇인지 알아보고 키도 재 보고
풍금을 배우고 싶어
문틈으로 나는 많은 것을 보아 왔거든
참 많은 식구들이 식구들끼리 울고불고 아
잠 못 들고

나는 지붕으로 난 문을 열고
어두운 시간의 문을 열고 날아간다
나는 환자 기억이 오늘이 되기도 하고
오늘이 내일로 엇갈리는 피가 우울한 병의 주인
발전소가 환하게 강을 지키기 시작하는 저녁
나는 언덕을 내려가 말을 배우고 돌아와
내 병의 말로 바꾸어 버린다
오늘도 몇 개의 말을 배우고
내 우울한 피로 노래 부르고 싶어 하지만
참 많은 식구들은 너무 일찍 잠든다

종(種)

약대는 죽어
약대는 죽어서 물에 이르고 모래와
모래 틈으로 햇빛이 지나갈 때 나는
일찍 문 연 아침부터 둥근 정오까지
사랑하고 싶다 마찬가지로 약대를 타고
아침 지평선과 저녁의
그곳까지 나는 갈증으로 이루어진 전생의
풀잎 없는 들을 건너 나도
물에 이르러

온몸 가득한 소금을 꺼내 물에 풀어 버리고
신기루처럼 나의 문전을 서성이는 너를 약대에
태우고 나는 내내 유목하고 싶었다 하여
나의 수많은 천막과 종들을 데리고 모래의
끝으로 난 길을 걸으며 녹슨 어깨를 벗기고
회오리바람 속으로 그리움을 날려 보내고
나의 종들의 이름을 다시 부르며 활엽의 나무
아래 나의 마을을 이루고 싶었다
저녁이면
모래의 언덕에서 살찐 종소리를 멀리

흔들어 보내고 나의 아내 은하수까지 둥실 떠올려
마치 그곳이 고향인 것처럼 아이들이
기뻐하도록 밤새도록 떠오르고 약대를 길들여
물을 싣고 향유와 불을 싣고 동쪽으로 가고 싶었다
아버지 나는 아이들의 젊고 외로운 아버지
모래 구릉을 넘으며 내 많은 식솔들의 어깨에
푸른 새 한 마리씩 올려놓으며
모래의 끝으로 자욱한 시간의 끝으로

노 저으며 약대는 죽고
죽어서 물 가운데 이르고 내가 무릇
약대일 때 나는 태양의 구멍 속으로 노
저으며 녹슨 눈물을 흘리며 나는
아버지 녹슨 아이들의 외로운 아버지인 나는
사방이 지평선인 약대의 길 속으로 너희들의
많은 이른 아침을 띄워 보내고 이제 겨우 맑은
눈으로 나무 없는 넓은 들을 간직하려 한다

아몬드 나무 아래

저녁은 외로운 게양대를 내려오고
가슴의 비어 있는 가슴을 두드리며 나는
아몬드 나무와 아몬드 나무의 많은
그늘을 지나 녹슨 시간의 구석에
자리 잡는다 다시

물은 종일토록 쌓이고
쌓인 후에 수평선을 이루고 외로운 섬은
늘 떠 있는 배 하나를 바라보아 준다 서로
바라보는 힘으로 이루어지는 바다와
섬 나는 아몬드 나무 아래를 걸어
간다

사랑의 공터 나무들처럼 그림자를
버리는 가슴들 세상은 어두워 가고 물은
중얼거리며 수평선 아래로 물새들을
잠자게 하지만 나는 아몬드 나무 아래
지나가는 저녁의 녹슨 잔등을 불러
세울 수 없다

아몬드 나무 나뭇잎 떨어져 내리는 사이로
물은 쌓이고 물의 틈새로 시간은 달려 나가
사랑의 빈 터를 지키는 나의 앞으로
지나가는 이 저녁을 멈추게 할 수가 없다
하늘의 저녁은 옥상의 게양대를 타고 내려
오지만 아몬드 나무는 햇빛의 끝으로 가
잠들지만

사랑의 빈 터에 가득해질 나뭇잎의
나무들과 나무둥치에 매달았던 예감들로
아몬드 나무 무성한 사랑의
빈 터로 끊임없이 물밀어
오는 깊고 푸른 저녁으로
나 또한 녹슬고 있음을
멈추게 할 수 없음을

제비

나의 가슴에 둥지를 틀어 다오
지나간 겨울의 평화는 나의 남쪽으로
늘 날아가 버리고 지나간 마지막 바람의 잔등을
기억해 내는 풀잎처럼 제비여 나는
쓸쓸하였다 등받이 없는 의자에 앉아
저녁나절 무엇 하나 이름 붙이려 해도
붙붙여 멀리 떠나려 하여도 나는 돌 위에서
이렇게 녹슬어 버렸다 제비여 사랑의 마른
풀뿌리와 진흙을 내 눈물에 이겨
모자란다면 내 피와 뼈를 덧이겨 내 가슴에
둥지를 틀어 다오 없던 문을 열고 돌아오는
저녁에 물과 이마를 맞대고 지나는
유월에도 사랑이 헐려 나간 나의 가슴은
아무도 방문하지 않았다 제비여
너의 검고 빛나는 날갯짓으로
나의 지붕 위를 날아 보라 사랑의 깨진
거울 조각과 어떤 희미한 생각으로 박혀 있는
못 자국들이 아직 남아 있을 것이므로

나의 피는 가슴에서 흘러 나가지 않고

녹슨다 제비여 내 가슴을 허물고
둥지를 틀어 다오 아침마다
먼지들은 늘 모여 바람을 부르고
이렇게 바람 없는 여름의 입구에서
둥근 식탁 위에 세계를 올려놓는 나는
아침 나의 둥지에서 날아오르는 수많은
바람의 맨 처음을 하늘의 푸른
이마에 부딪히게 한다 나의 제비여

나의 오전의 채소

오전에는 채소를 키우지
그때 평일의 종소리 울리고 풀뿌리를 통하여 종소리 땅
속으로 내려가지 나의 가슴에 뿌리 내리는 채소
나의 가슴속으로 종소리 물밀어 오고
나의 가슴 아침에 물을 뿌려 주는 여름의 당신은
저녁에 나를 일으켜 주지 채소를 거두고 나의
가슴에 불 밝혀 주지 그러나 그 불빛에 그림자 생기지
않지 돌 두어 개 얼굴을 바꾸고 나의 불을 바라보아 주지
오전에 지구에 채소를 심고
여름의 당신은 저녁에 나에게 어두워지는 종소리
종소리 달려가다 구겨져 버리는 시간의 구석으로
나를 데리고 가지 어디로인가
데리고 갔다가 오지 와서 아침에는 지구의 어깨에 채소
를 심게 하지
채소의 무수한 꽃을 기다리게 하는 거지
아무 때나 당신은

가을 학교

바람은 복도를 지나며 소아마비 여자 아이를 건드린다 치마가
 펄럭이며 운동장을 걸어 나간다 숙직하는 동안
 그 아이는 나를 유리창가에 묶어 놓고 하늘의 카시오페이아로
 날아가 있을 것이다 그 아이는 채송화 밭에
 구겨져 있었다 내일은 보건소에 다시 데리고 갈 것이지만
 그 아이를 업고 강 언덕을 거슬러 올라갈 것이지만
 선생님 내일 나는 달리기를 할 수 있어요 늘 그렇게
 그 아이는 말하지만 채송화 밭에 그 아이는 다리를
 다리를 분질러 버린다
 가을의 학교 운동장 플라타너스 그늘이 아주 넓을 때
 복도를 걸어가는 나의 맨발은 더욱 부끄럽다
 숙직하는 날 밤 하늘은 별 하나하나에
 눈물의 밧줄을 길게 드리운다
 그리고 아침에 그 밧줄은 먼지를 일으키며
 나의 눈 속으로 쉽게 들어와
 오전의 국어 시간을 흔들리게 한다 채송화
 밭 그 아이의 신발을 찾으며 유리창 너머
 햇빛 환한 오전을 그 아이에게 던져 준다
 발목이 가득하도록

■ 발문 ■

추억의 집, 현실의 길

장정일(시인 · 소설가)

 필자 나이 스물한 살 때였지 싶다. 군대를 막 제대하고 나서 갈 곳이 없었던 문재 형이 대구에서 한두어 계절 보낸 적이 있었다. 그때 나는 박기영 선배의 소개로 그를 알게 되었는데, 문재 형은 그 즈음에 《시운동》 4집을 통해 막 자신의 첫 작품을 세상에 선보이고 있었다. 지금 읽어도 감회가 새로운 그 시편들 가운데 「기념식수」와 「우리 살던 옛집 지붕」 같은 것은 너무나 아름답고 슬퍼서 기분이 우울할 때마다 소리 내어 읽곤 했고, 그러면 우울하던 내 기분이 오히려 한참 울음을 울고 난 뒤의 그것처럼 맑고 투명해졌다.

 지금 내 책상에는 문재 형의 두 번째 시집 교정지가 놓여 있다. 1982년에 첫 작품을 발표했고 1988년에 첫 시집을 선보였으니 셈해 보면, 10년 넘게 시를 써서 두 권의 시집을 내어 놓았고, 또 5년 만에 새로 펴내는 시집이니 꽤나 게을렀다.

『내 젖은 구두 벗어 해에게 보여줄 때』라는 긴 제목을 지닌 첫 시집에「방랑자의 길과 편력시대」라는 해설을 쓴 그의 은사 최동호 교수의 지적처럼 문재 형의 많은 시들은 대개 '길 찾기'라는 주제에 겨누어져 있는데, 도보 고행승같이 끝없이 끄덕이며 떠나는 '길 찾기'의 근처에는 상실된 낙원에의 그리움 혹은 잃어버린 집에 대한 추억이 깃들어 있다. 말하자면 문재 형에게 '길 찾기'란 상실된 '집 찾기'를 의미한다고 볼 수 있다.

그만이 자랑할 수 있는 특유의 언어 감각과 함께 상실된 낙원에의 감정이 여전히 숨을 쉬는 두 번째 시집에서 역시 '길 찾기'의 주제는 두드러져 있다. 그러나 '길 찾기'의 초입에서부터 '길 찾기'와 동의어이던 '집 찾기'는 거부되고 있다. "멀리, 살던 집 무너진다 (중략)// 살았던 집 이제 찾을 수 없다/ (중략)// 옛집을 떠올리는 순간만으로 덜컹/ 힘이 나 내달리던 적의는 이제 없"는 것이다. 질긴 추억의 힘으로 되새김질당하던 첫 시집에서의 '길 찾기—집 찾기'는 방금 인용된 시의 제목「돌아보지 말거라, 네가 돌아보지 않아도 이미 소금 기둥 되어 있으니」와 같이 다시 반추되어서는 안 될 것으로 바뀌었다.

'길 찾기'란 언젠가 집을 찾아 들어갈 수 있으리란 희망에 의해 버텨지는 것인데, 그런 희망은 애초에 차단되고 말았다. 그래서 '길 찾기'와 '집 찾기' 사이에 놓여져 있던 '―'나 '/'와 같은 부호는 이제 '//'로 바뀐다. 이처럼 '길 찾기/집 찾기'가 '길 찾기//집 찾기'로 바뀐 데에는 문재 형만의 속사정이 있을 것이다.

> 알 수 없다.
> 내가 마지막으로 그 집을 떠나면서
> 문에다 박은 커다란 못이 자라나
> 집 주위의 나무들을 못박고
> 하늘의 별에다 못질을 하고
> 내 살던 옛집을 생각할 때마다
> 그 집과 나는 서로 허물어지는지도 모른다 조금씩
> 조금씩 나는 죽음 쪽으로 허물어지고
> 나는 사랑 쪽에서 무너져 나오고
> ——「우리 살던 옛집 지붕」

문재 형의 초기작인 「우리 살던 옛집 지붕」에서 '집'은 내가 사랑으로부터 버림받은 곳이자 불행했던 유년기를 환기시키지만 '집'이라는 끈끈한 기억에 이끌리고 있는 이 시는 추억을 회상하는 힘에 의해 한껏 아름다워져 있다. 추억이란 마음이 가난해질 때마다 항용 꺼내 쓸 수 있는 보화이며, 알라딘의 램프와 같은 추억의 램프를 문지를 때마다 행복한 거인이 나타나 우리를 별의 높이로 번쩍번쩍 들어 올린다. 그러나 이번 시집에 실린 「오존 묵시록」에서 '집'은 더 이상 추억의 산물이 아니다.

> 오존 강 말라서, 오존 강은 갈라져서
> 아 우리들 살던 옛집 푸른 지구
> 막무가내로 무너진다
> 하늘로 쏘아 올린 화살 벼락처럼
> 내려온다 불의 비, 질타의
> 장대비, 섭리의
> 쇠못 같은 비, 거침없이 퍼부어진다
> ——「오존 묵시록」

20세기 말 인류 최대의 관심사라 할 수 있는 환경문제를 다룬 이 시가 알려 주는 것은 그가 더 이상 '추억'으로 말하지 않으며 '추억'의 자리에 '현실'이 대입되자, '집 찾기'가 부정되었다는 사실이다. 이제 안온한 낙원과 같은 유년기의 '집'은 존재하지 않는다. 그리고 뒤에 다시 밝히겠지만, '집 찾기'가 부정되는 것으로 그것의 동의어였던 '길 찾기' 또한 본래적 자아와 이상적 세계를 찾아가려던 '길의 이념'과 비교해 무척 왜소하게 여겨지는 '어슬렁거림'의 형식으로 전락하고 만다.

음유시인의 말투와 닮아 있던 전자가 아련한 비애의 정조를 거느리고 있음에도 구체적 표현들을 얻고 있어 읽는 독자의 가슴 깊이 와 닿는다면, 선지자의 말투를 흉내 내는 후자는 예측 가능한 구체적 사실을 제시하고 있음에도 불구하고 추상적이다. 이렇듯 음유시인의 말투에서 선지자의 말투로의 변화에는, '현실' 또는 '내용'이 간섭하고 있다고 보아야 한다. 다시 예를 들자면 첫 시집에 실린 「검은 돛배」란 시에서 "나는 무덤이라도 커야 한다/ 무덤 하나라도 검은 나를 힘껏 껴안아 주어야 한다"고 읊조리던 청춘 시절의 낭만적 자기 응시가 이번 시집에서는 "나, 좋지 못한 환경에서 자라났다/ (중략)// 내 삶은 이미 환경문제였다/ 나는 공해 배출 업소였다"(「고비사막」)는 소시민적 현실 대응으로 바뀌어 있다.

　문재 형의 시가 이렇듯 바뀌게 된 까닭, 말하자면 '추억—회상'의 형식에서 '현실—고현학적' 방법으로 변화한 까닭은 스스로가 방랑자의 편력 시대를 마감하고 "나의 꿈은 산책로 하나/ 갖는 것이었다"(「산책로 밖의 산책—산책시 8」)고 말하는 사연에서 찾아진다. 일정한 시간과 공간 법칙에 의해 움직여지는 소시민적 '산책'이란 이미 도보 고행승의 '길 찾기' 행각과는 좀 다른 것이기 때문이다. 다시 강조하자면 '산책'이란 '길 찾기'와는 다른 '어슬렁거림'의 형식이다.

　'산책시'와 '부사성'이란 부제가 붙은 일련의 시편은 도시적 삶에 사로잡힌 채 '어슬렁거림'을 되풀이하는 문재 형의 눈에 비친 현실을 집중적으로 보여 주고 있는데, 그는 불란서의 어느 현대 철학자가 '파시스트적 속도'라고 지칭한 바 있는 자본주의 도시—산업사회가 보여 주는 현란한 속도와 맞닥뜨린다.

빠른 것은 부도덕해
—「타클라마칸—부사성 5」

위이잉, 너무 빨리들 늙는구나, 전속력으로
예까지들 왔구나, 희망에들 속았구나
—「염전중학교」

그렇다, 무서운 이 시대의 속도에 치여
내 몸과 마음의 서까래
몇 개 소리 없이 내려앉는다
—「산성 눈 내리네」

우리가 이 도시를 지나가는 것이 아니다
두 눈과 귀를 열게 한 뒤 이 도시가
우리를 끊임없이 스치고 지나가는 것이다
—「눈과 귀 틀어막다」

  재미있는 것은 문재 형이, '파시스트적 속도'라고 이름 붙여진 현대적 가속도에 대항하는 방법으로 '게으름'을 제시하고 있다는 사실이다. 그는 "게으른 사람은 힘이 세다/ 아프도록 게을러져야 한다"고 「게으른 사람은 아름답다」란 시에서 역설하고 있다. "게으른 사람만이 볼 수 있다"고 적는 것은 어쩌면 '파시스트적 속도'의 반대말로 손쉽게 찾아진 것인지도 모른다. 하지만 문재 형은 '유목민적 속도'와 동의어로 쓰일 수 있는 '우편배달부의 속도'를 창안하는 것으로 자기 사유의 고민을 보여 준다.

> 아름다운 산책은 우체국에 있었습니다
> 나에게서 그대에게로 가는 편지는
> 사나흘을 혼자서 걸어가곤 했지요
> 그건 발효의 시간이었댔습니다
> 가는 편지와 받아 볼 편지는
> 우리들 사이에 푸른 강을 흐르게 했고요
> ——「푸른 곰팡이—산책시 1」

도시란 그리고 현대란, 시인에게 '지금—여기'만을 직면하라고 채근하는 것인가? "우체국이 사라지면 사랑은/없어질거야"(「저물 녘에 중얼거리다」)라고 말하는 문재 형의 이번 시집은, 도시 생활이라는 것 또는 현대 사회라는 것이 추억과 회상을 본질로 하는 시인으로 하여금 어떻게 서정의 능력을 앗아가는지에 대한 여러 생각들을 제공한다.

내 기억이 정확하다면 이 시집에 실린 100쪽 이하의 시들, 그러니까 「형부는 수력발전소처럼 건강하다」 이후의 시편들은 문재 형이 첫 시집을 묶으면서 누락시켰던 초기 시들을 담고 있다. 글이든 사람이든 눈에 보이는 모든 것이 스승이었던 때에 문재 형은 나에게 많은 영향을 주었고, 내가 문학잡지에 최초로 실었던 「사철나무 그늘 아래 쉴 때는」이란 시는 문재 형 몰래, 문재 형에게 바쳐진 시였다.

이문재

1959년 경기 김포에서 태어났다.
경희대 국문과를 졸업했으며,
1982년 《시운동》에 시를 발표하며 등단했다.
시집 『내 젖은 구두 벗어 해에게 보여줄 때』, 『마음의 오지』, 『제국호텔』 등이 있다.
김달진문학상, 시와시학 젊은시인상, 소월시문학상, 지훈문학상 등을 수상했다.

산책시편

1판 1쇄 펴냄 1993년 5월 31일
1판 3쇄 펴냄 1995년 1월 30일
2판 1쇄 펴냄 1997년 6월 30일
2판 2쇄 펴냄 2000년 3월 10일
3판 1쇄 펴냄 2007년 4월 20일
3판 4쇄 펴냄 2020년 7월 27일

지은이 이문재
발행인 박근섭·박상준
펴낸곳 (주)민음사

출판 등록 · 1966. 5. 19. 제16-490호
서울특별시 강남구 도산대로1길 62(신사동)
강남출판문화센터 5층(우편번호 06027)
대표전화 02-515-2000 / 팩시밀리 02-515-2007
www.minumsa.com

ⓒ이문재, 1993, 1997, 2007. Printed in Seoul, Korea
ISBN 978-89-374-0552-5 03810
ISBN 978-89-374-0802-1 (세트)

* 잘못 만들어진 책은 구입처에서 교환해 드립니다.